Mein prachtvoller Garten

VERONIKA SCHUBERT

Mein prachtvoller Garten

MIT HECKEN
UND STRÄUCHERN

Servus DAS GROSSE KLEINE BUCH № 033

Inhalt

Mein prachtvoller Garten mit Hecken und Sträuchern

Das, was einen Garten zum Garten macht, ist die Kulisse. Neben Bäumen spielen dabei auch Hecken und Sträucher eine Rolle. Sie bilden Räume und grenzen ab. Manchmal wachsen sie zu einem Blätterdach zusammen, schaffen verborgene Plätze und geheime Winkel. Ohne Gehölze wäre kein Wechselspiel zwischen Licht und Schatten möglich, keine Vielfalt an darunter wachsenden Blumen.

Hecken erfüllen in der Natur vor allem Schutzfunktionen. Neben Flechtzäunen gehört die Hecke, auch „Hag“ genannt, zu den ältesten Einfriedungen von Bauerngärten. Hagebuche (Hainbuche), Hagedorn (Weißdorn) oder Hagebutte (Wildrose) weisen in ihren Namen auf diese alte Bedeutung hin. „Hag“ war früher

Geheimnisvolle Hecke – das Tor öffnet die schützende Einfriedung.

aber auch die Bezeichnung für „Zauberkreis der Hexen". Wie ein grüner Mantel „umhegen" und schützen Hecken damals wie heute den Garten, vielleicht noch immer mit einer gewissen Zauberkraft.

Im Mittelalter entstanden erste Hecken auf Steinhaufen und Astwerk als Parzellengrenzen. Erst in der Neuzeit wurden Gewächse nur zum Zweck der Zierde verwendet und erstmals Blütensträucher gesetzt. Dann folgten streng geschnittene Hecken aus meist einer Pflanzenart, im Barock waren es hohe Baumhecken, die „grüne Zimmer" schufen. Zuletzt gewann die freiwachsende Hecke aus heimischen Gehölzen wieder zunehmend an Bedeutung. Sie dient als Lebensraum für u.a. gefährdete Tierarten.

Die Aspekte, unter denen Sträucher für den Garten ausgewählt werden, sind vielfältig. Neben immergrünen Pflanzen, zu denen Nadelgehölze und im Winter laubtragende Sträucher zählen, überzeugen bei den sommergrünen schöne und nektarreiche Blüten, wohlschmeckende Wildfrüchte, dichter Wuchs und die Schnittverträglichkeit. Bei Platzmangel können auch Kletterpflanzen als Ersatz dienen. Es kommt immer darauf an, welchen Zweck die Hecke erfüllen soll.

Hagebutten bilden im Herbst aus ihren Rosenblüten leuchtende Früchte.

Gestaltung und Nutzen

Jeder Baum, jede Hecke
ist ein Strauß von Blüten,
und man möchte zum Maikäfer werden,
um in dem Meer von Wohlgerüchen
herumschweben zu können.

JOHANN WOLFGANG VON GOETHE

Natur als Vorbild

Die Hecke wird als „ein- oder mehrreihiger linienförmiger Aufwuchs dicht stehender Sträucher“ definiert. Wir verstehen unter einer Hecke meist eng gepflanzte Sträucher, die Raum abgrenzen und oft durch Schnitt kompakt gehalten werden. Hecken müssen aber nicht aus nur einer Pflanzenart bestehen, sie wirken bunter und sind ökologisch wertvoller, wenn verschiedene Sträucher eingesetzt werden.

Hecken sind heute Teil der Kulturlandschaft. Entweder grenzen sie landwirtschaftlich genutzte Flächen ein und schützen dort vor allem vor Wind oder sind Element einer Gartengestaltung. Natürliche Hecken kommen an den Rändern des Waldes vor und bilden dort Säume und Mäntel.

Aufbau des Waldes

In der Mitte des Waldes befinden sich hohe Bäume, die sich im Laufe ihres Wachstums verändern. Auf Kahlschlägen, Waldlichtungen oder Brandflächen, wo die Natur erst wieder neu Fuß fassen muss, siedeln sich zuerst immer sogenannte Pioniergehölze an. Sie brauchen besonders viel Licht, um zu keimen, sind aber ansonsten anspruchslos und kommen auch mit wenig Wasser und Nährstoffen zurecht. Meist wachsen diese Baumarten rasch, etwa einen Meter pro Jahr. Die Birke z.B. bildet schon nach fünf Jahren erstmals Früchte, hat aber im Vergleich zu anderen Laubbaumarten keine hohe Lebenserwartung. Sie wird nicht mehr als 100 Jahre alt und ist konkurrenzschwach. Im Laufe der Entwicklung des Waldes verdrängen andere Bäume wie Ahorn, Buchen und Eichen die Pioniergehölze. Sie bilden dichte Blätterdächer, unter denen die lichtbedürftigen Gehölze nicht aufkommen können.

Außerhalb der Kernzone des Waldes, im Übergangsbereich zur Wiese, befindet sich der Mantel bestehend aus Sträuchern, gefolgt vom Saum aus niedrigwachsenden, krautigen Pflanzen. Der Mantel ist die natürliche Hecke des Waldes. Man unterteilt ihn in Schattmantel und Sonnenmantel, je nach Lage. Grundsätzlich hat jeder Wald die Tendenz, sich auszudehnen. Die Pflanzen versuchen, Weide- und Kulturland zu erobern. Ihre rasch keimenden Samen und ausläufertreibenden Wurzeln helfen ihnen dabei.

Am richtigen Standort gedeiht jede Pflanze gut, egal ob Kraut, Strauch oder Baum.

Im Garten stehen Hecken meist frei und gedeihen unter vergleichbaren Bedingungen wie die Sträucher des Sonnenmantels. Niedrige Einfassungen aus Kleinsträuchern entsprechen dem Waldsaum.

Von Wert und Schönheit heimischer Sträucher und Hecken

Wie uns Menschen geht es auch den Pflanzen besonders gut, wenn sie ideale Lebensbedingungen vorfinden. Standortgerecht

gepflanzt finden sie Licht- und Bodenverhältnisse vor, die ihren Ansprüchen gerecht werden, und gedeihen gesund und kräftig. Dann sind sie wenig anfällig für Krankheiten und Schädlinge und bedürfen kaum einer Pflege. Sträucher aus der heimischen Flora wie Hainbuche, Hartriegel, Hagebutte und Holunder fühlen sich mit Sicherheit in den Gärten unserer Regionen wohl. Sie sind an das Klima hier gewöhnt.

Doch seit Jahrhunderten brachten die Menschen von ihren Reisen Pflanzen mit, die bei uns eingebürgert wurden. Hier überlebt und sich verbreitet haben dabei aber nur jene, die auch mit den vorherrschenden Standortbedingungen zurechtkommen. Beispiele sind der beliebte Flieder und die Forsythie. Auch sie wachsen heute anspruchslos und zählen im erweiterten Sinne zu den heimischen Gehölzen.

Wildsträucher stehen in ihrer Schönheit den Exoten im Pflanzenreich meist um nichts nach. Denn nicht nur aufgrund ökologischer, sondern auch aufgrund ästhetischer Aspekte gelangten in den vergangenen Jahren die natürlichen Gehölze ins Rampenlicht. Es findet eine „Renaissance in der Gartengestaltung" statt, ein Trend zu natürlichen Ecken im Garten „mit leiseren Tönen".

Flieder wächst heute
in vielen Gärten, doch das
war nicht immer so.

Die Hecke als Naturapotheke

Wie bei Kräutern gibt es auch bei Sträuchern Exemplare mit Heilwirkung. Ihre Früchte und Blüten sollten aber keinesfalls ohne entsprechendes Fachwissen verwendet werden, denn eine falsche Dosierung kann zu Vergiftungen führen.

Folgende heimische und bekannte Sträucher haben Heilwirkung:

- *Heckenrose, Hagebutte (Rosa canina): Früchte stärken Abwehrkräfte, Tee aus Samen wirkt wassertreibend.*
- *Schlehdorn (Prunus spinosa): Tee aus Blüten wirkt blutreinigend und regt den Darm an.*
- *Schwarzer Holunder (Sambucus nigra): Blüten als Aufguss stärken das Immunsystem, unterstützen Schwitzkuren gegen Fieber und Erkältungen, die Beeren sind Vitamin-C-haltig, die grüne Pflanze ist aber giftig.*
- *Weißdorn (Crataegus monogyna): Kaltauszug aus Blüten und Früchten kräftigt das Herz und fördert die Durchblutung.*

Aus den Blättern von Brombeeren lässt sich Tee zubereiten, die Früchte des Weißdorns haben herzstärkende Wirkung.

Zu den ersten Hecken in der Geschichte zählte die Wallhecke.

Geschichte und Bedeutung geschnittener Hecken

Schon vor der Römerzeit gab es im Südosten Englands Wallhecken, die aus in den Boden gerammten Pfählen und einem Flechtwerk aus Lianen und Ästen gebaut wurden. Wind und Vögel trugen Samen ein, die im Schutz der Zäune gut keimten und wuchsen. Aus den leblosen Wallhecken wurden grüne und blühende Hecken.

Jahrhunderte später gab es kein Anwesen, dessen Grünräume nicht mit Hecken gestaltet waren. Gutsherren, die etwas auf sich hielten, hatten damals sogar eigene Heckengärtner. Es begann die

Zeit der geschnittenen Hecken, denn die Sträucher durften Mannshöhe nicht überschreiten, sodass ein Pferd noch darüber springen konnte. Der wichtigste Strauch war in dieser Zeit der Weißdorn, der auch heute noch in ganz England häufig anzutreffen ist. In Österreich wurden für geschnittene Hecken vor allem Eiben, Thujen, Scheinzypressen, Hainbuchen, Ahorn und Liguster verwendet. Aber auch blühende Gehölze wie Spiersträucher, Fingerstrauch und Schneeball vertragen einen Schnitt.

Formale Hecken im Barock

Die meisten geschnittenen Hecken gab es in den streng geometrisch angelegten „Französischen Gärten". Hecken waren ein Hauptmerkmal barocker Gartengestaltung. Niedrige Buchshecken waren zu kunstvollen Ornamenten gestaltet und fassten bunte Kiesbeete ein. „Grüne Zimmer" wurden mit meterhohen

Geschnittene Hecken wurden im Barock zu kunstvollen Mustern geformt.

Ahornhecken abgeschirmt. Sogar Türen und Fenster schnitt man in die grünen Wände der Hecken. In jener Zeit entstanden auch Irrgärten und Labyrinthe, meistens aus den immergrünen Eiben, die zu den Nadelgehölzen gehören.

Die Hecke als Biotop

Eine Hecke kann noch viel mehr leisten, als nur Raum abzugrenzen oder einzufassen. Sie ist vor allem Wohnort und Nistplatz für zahlreiche Tiere. Viele von ihnen sorgen als Schädlingsvertilger für das natürliche Gleichgewicht im Garten. Blühende und fruchtende Sträucher bieten jede Menge Nahrung in Form von Wildfrüchten wie Hagebutten, Schlehen, Felsenbirnen und Dirndln. Eine Hecke aus den hiesigen Laubgehölzen bildet zudem ein Dickicht, das Vögeln, Insekten und Säugetieren Schutz und Lebensraum bietet. Hier können sie ungestört nisten. Später verspeisen auch die Jungen wieder, dem ökologischen Kreislauf folgend, Schädlinge und sind somit nützliche Helfer.

Ökologisch wertvolle Wildsträucher

Wildstrauchhecken aus verschiedenen heimischen Gehölzen repräsentieren die freie Natur vor unserer Haustüre und begleiten durch die Jahreszeiten. Fruchttragende Gehölze blühen besonders attraktiv im Frühling und färben als Draufgabe im

Wildsträucher bieten Tieren Schutz, Lebensraum und Nahrung.

Herbst auch noch ihre Blätter in leuchtenden Rot-, Gelb- und Orangetönen. Gute Figur in der Hecke macht die Felsenbirne mit ihren zarten Blüten und ihrer glühenden Herbstpracht und Wildrosen, die durch ihre Stacheln den Tieren Schutz vor Feinden bieten. Dirndlsträucher, Hage- oder Weißdorn, Schlehen und Pfaffenkapperln gehören zu den bei uns heimischen Pflanzen. Die einst zu uns gebrachten Blütensträucher wie Flieder, Forsythie, Ranunkelstrauch, Weigelie, Zierquitten, Pfeifenstrauch und Sommerflieder eignen sich genauso gut für eine bunte Hecke, sind aber für die heimische Tierwelt nicht so attraktiv, weil sie weniger Nahrung bieten.

Sämlingshecke nach Benjes

Um die besten heimischen Wildsträucher anzusiedeln, haben die deutschen Landschaftsgärtner Heinrich und Hermann Benjes nach dem Vorbild der englischen Wallhecke folgende Methode propagiert: Zunächst wird Strauchschnitt mindestens 1,5 m aufgeschichtet. In diesem Totholzwall wachsen Kräuter und nach etwa drei Jahren die ersten Sträucher. Die Samen gelangen durch „vorbeigebrachten" Vogelkot in die Hecke. Das geschichtete Holz zieht Vögel an und bietet ihnen Schutz. Nach etwa 15 Jahren lässt sich die gekeimte Hecke nicht mehr von einer gepflanzten unterscheiden.

Wo Schmetterlinge wohnen

Bienen sind für die Bestäubung der Blüten zuständig. In unseren Breiten gibt es zudem viele Käfer, Fliegen und auch Schmetterlinge, die genauso bedeutsam sind. Auf Wildrosen finden sich zahlreiche Insekten ein, um sich am Nektar zu laben. Andere Pflanzen haben sich spezialisiert, da die Produktion von Pollen energieaufwendig ist. Diese werden daher so platziert, dass nicht alle Tierchen freien Zugang haben. Bestimmte Blüten ziehen also bestimmte Schmetterlinge an, der Tagfalter z.B. bevorzugt einen entsprechend großen, horizontalen Landeplatz auf den Blüten. Für ihre Rüssel benötigen Falter eine enge Röhre, die sie zum Nektar leitet. Typische schmetterlingsfreundliche Stieltellerblüten entwickeln bei den krautigen Pflanzen Phlox und Nelke, bei den Gehölzen Sommerflieder und Seidelbast. Da Schmetterlinge im roten Farbbereich besser sehen, bevorzugen sie Farbtöne in Orange über Rot bis Purpur.

Nachtfaltern müssen die Pflanzen etwas anderes anbieten. Hier locken nicht Farben, sondern Düfte. Je dunkler es ist, desto schwerer sichtbar werden die Blüten. In der Nacht bevorzugen Schmetterlinge deshalb weiße Blüten, die sie besser finden können. Der Duft der Blüten leitet sie zusätzlich. Nachtfalter lassen sich auf den Blüten nicht nieder, sondern laben sich schwebend am Nektar. Dabei stecken sie wie die tagaktiven Schmetterlinge ihre Rüssel in die Kronröhren der Blüten, die wie z.B. bei der Heckenkirsche für den besten Zugang seitlich stehen müssen.

Zu wahren Schmetterlingsmagneten zählt der Sommerflieder.

Pflanzung und Pflege

Zu hegen und zu pflegen sei bereit,
das Wachsen überlass der Zeit.

SPRICHWORT

Planung und Pflanzung einer Hecke

Bei der Planung und Pflanzung einer Hecke steht am Anfang immer die Frage: Was will ich eigentlich mit der Hecke bewirken? Gefolgt von der zweiten wichtigen Frage: Welche Möglichkeiten stehen mir zur Verfügung? Bei Hecken und Pflanzungen von Strauchgruppen sind Funktion und Platzangebot die entscheidenden Aspekte, aber auch Schönheit und Nutzen spielen eine Rolle. Am besten geht man mit einer Liste vor und überlegt Schritt für Schritt, wie das Projekt „Heckenpflanzung“ konkret umgesetzt werden soll.

Nichts überstürzen: Die gut überlegte Auswahl von Sträuchern und deren Plätzen lohnt sich.

Wichtige Fragen zur Planung einer Hecke

- *Ist es wichtig, dass die Hecke auch im Winter grün ist? Wird der Garten im Winter genutzt, ist in der kalten Jahreszeit ein Sichtschutz erforderlich? Ökologisch betrachtet wird meist der sommergrünen Hecke der Vorzug gegeben.*
- *Will ich eine schmale Hecke oder habe ich Platz für eine breitere, natürliche Form?*
- *Wie viel Zeit steht für die Pflege zur Verfügung? Ist der Schnitt einer Hecke für mich ein- bis zweimal im Jahr möglich?*
- *Falls eine Hecke aus Laubgehölzen in Betracht gezogen wird: Soll das ganze Jahr über etwas blühen oder ist für mich die Frühjahrsblüte zugunsten von Früchten ausreichend?*
- *Möchte ich Wildfrüchte ernten und verwerten?*
- *Wie hoch soll die Hecke werden? Es gibt auch klein bleibende Gehölze.*
- *Wünsche ich zumindest an einigen Stellen Herbstfärbung als Farbakzent?*

Anordnung und Pflanzabstand

Formale Hecken werden dichter gepflanzt als freiwachsende. Setzt man Wildstrauchhecken zu locker, dauert es sehr lange, bis sie zusammenwachsen. Setzt man sie hingegen zu dicht, bedrängen sie einander und behindern sich gegenseitig im Wachstum. Hier ist ein Mittelmaß geboten. Als Faustregel gilt: mindestens 1,5 Meter Abstand bei freiwachsenden, 60 cm bis 80 cm bei geschnittenen Hecken.

Beide Heckenformen können wahlweise geradlinig oder wechselweise gepflanzt werden. Entweder setzt man die Pflanzen linear oder jede zweite Pflanze ein Stück nach vorne versetzt („aus der Reihe tanzend"), wofür man mehr Breite benötigt. Die Hecke wird dann dichter und schirmt besser ab, für einen kleinen Hausgarten ist sie jedoch meist zu ausladend. Gepflanzt wird zudem mindestens einen Meter vom Nachbarsgrundstück entfernt, damit die Sträucher gleichmäßig wachsen können.

Gut gepflanzt wachsen die Sträucher rasch ein und bilden dichtes Astwerk.

Tipps für die Heckenpflanzung

- *Die beste Pflanzzeit für Laubgehölze ist der Herbst, weil sich die Sträucher ab Oktober in der Vegetationsruhe befinden.*
- *Immergrüne, also Nadelgehölze, sollten schon ab September in den Boden, damit sie noch genügend Wurzeln bilden können, bevor es kalt wird.*
- *Gehölze mit Ballen vor der Pflanzung ausreichend in einem Kübel wässern, bis keine Luftblasen mehr aufsteigen.*
- *Zur Aushuberde gut ausgereiften Kompost mischen, denn Kompost verbessert sowohl sandige als auch lehmige Böden. Ist der Boden sehr dicht und tonig, etwas Sand beimischen.*
- *Bei wurzelnackten Sträuchern die beschädigten Wurzeln vor dem Einsetzen zurückschneiden und einen Pflanzschnitt vornehmen, das heißt, auch die oberen Triebe kräftig einkürzen.*
- *Bei einer Reihenpflanzung für eine gebundene, geschnittene Hecke am besten gleich einen Graben ausheben.*
- *Ob Pflanzloch oder Graben, um den Ballen bzw. die Wurzeln muss ausreichend Platz sein, daher die Grube etwa um den halben Ballendurchmesser größer ausheben.*
- *Abstand zwischen den Sträuchern bei freiwachsenden Hecken: 1,5 bis 2 m. Bei geschnittenen, formierten Hecken: etwa 80 cm. Abstand zum Zaun: mindestens 1 m.*
- *Zum Schluss die Erde festtreten und gut eingießen.*

Ergänzung von Gehölzbeständen

An so manchem Altbestand hängt man: Einige bestehende Gehölze sind sehr schön gewachsen und wertvoll. Sie gilt es, in die Hecke einzubeziehen. Dabei hat es jedoch keinen Sinn, kranke oder sehr überalterte Pflanzen zu erhalten, die schon bald wieder ein Loch in der Hecke hinterlassen würden.
Pflanzt man neue neben alte Sträucher, können dabei die Wurzeln des Bestandes verletzt werden. Wurden die Gehölze regelmäßig geschnitten, weisen sie einen kompakten Wuchs auf. Dann kann davon ausgegangen werden, dass auch die Wurzeln eher kompakt wachsen (Wurzel-Krone-Verhältnis). In diesen Fällen glückt es meist, sie in eine Hecke zu integrieren.
Je breiter ein Strauch wächst, desto weitläufiger ist auch sein Wurzelsystem. Hier muss entsprechend Abstand zur Neupflanzung eingehalten werden. Streuen Sie in der Zwischenzeit, bis alles zusammenwächst, Sommerblumensamen in die Lücken.

Kletterpflanzen als Heckenersatz

In kleineren Gärten, in denen keine Hecke Platz findet, kann auch mit Kletterpflanzen ein schöner und guter Sichtschutz erreicht werden. Zur Verfügung stehen dafür raschwüchsige, einjährige Schlinger und mehrjährige Kletterer. Wie bei den Sträuchern hat man die Qual der Wahl: Es gibt Pflanzen mit schönen

Blüten, andere tragen Früchte, manche färben im Herbst ihre Blätter wunderbar aus, andere zeigen ganzjährig buntes Laub. Wissen muss man allerdings, wie die Pflanzen aufwärts streben. Schlinger wie Trichterwinde oder Geißblatt winden sich um Kletterhilfen und schlingen sich am Maschendrahtzaun oder an den Stäben eines schmiedeeisernen Zauns empor. Klimmer wie Wilder Wein oder Efeu hingegen klammern sich mit Haftorganen an und überziehen einen Bretterzaun rasch.

Der Heckenschnitt

Während bei den meisten Hecken Düngen und Gießen kein großes Thema ist, verlangt die formale Hecke zusätzlich einen regelmäßigen Schnitt. Auch die freiwachsende Hecke kann fallweise geschnitten werden, aber dann meist nur, um den Weg wieder freizuschneiden, um dichte und verkahlte Stellen auszulichten oder um die Blüte anzuregen.

Schnitt der formalen Hecke

Mit dem Schnitt wird die Form der Hecke erhalten und ein dichter, gleichmäßiger Wuchs erzielt. Die geschnittene Laubhecke aus Liguster oder Hainbuchen sollte im Querschnitt rund oder trapezförmig sein, nicht aber seitlich gerade geschnitten. Der Schnitt erfolgt deshalb oben schmäler oder eiförmig, damit

Der Schnitt formaler Hecken ist im Gegensatz zur Pflege von Wildsträuchern aufwendiger.

ausreichend Licht zu allen Blättern gelangt und die Äste nicht von innen heraus verkahlen. Im ersten Jahr nach der Pflanzung darf noch kein Schnitt erfolgen. Danach wird zweimal jährlich die Hecke geschnitten, einmal nach Abschluss des Frühjahrstriebes im Juni und dann im August nach Abschluss des zweiten Blattaustriebes, auch Johannistrieb genannt. Schneidet man später, wird die Ausreifung der Triebe vor dem Winter verzögert, der Frost kann die Pflanzen dann leichter beschädigen. Immergrüne Hecken aus Eiben, Thujen, Scheinzypressen und anderen Koniferen werden erst im Spätsommer geschnitten, denn bei ihnen erfolgt der Austrieb das ganze Jahr über.

Sträucher im Porträt

Rinde, Beere, Blatt und Blüte,
jeder Teil ist Kraft und Güte,
jeder segenvoll.

VOLKSMUND

Berberitze oder Sauerdorn

(Berberis vulgaris)

FAMILIE:	*Berberitzengewächse*
BLÜTE:	*zarte, gelbe, in rundlichen Dolden zusammenstehende Blüten*
FRÜCHTE:	*scharlachrote, sehr saure, aber genießbare, bis zu 1 cm lange Beeren schon im August*
BESONDERES:	*Dornenreiche Triebe bilden ein Dickicht; mit Ausnahme der Beeren ist die ganze Pflanze giftig.*

Die Berberitze liebt karge Kalkböden und meidet Feuchtigkeit.

Buchs

(Buxus sempervirens)

FAMILIE: *Buchsbaumgewächse*

BLÜTE: *unscheinbare, wohlriechende Blütenknäuel*

FRÜCHTE: *Kapselfrüchte mit schwarzen, glänzenden Samen; Verbreitung durch Ameisen*

BESONDERES: *eignet sich für Schnitthecken, prägend in der Gartengestaltung der Renaissance und in Bauerngärten, immergrüner Strauch, vom Buchsbaumzünsler, einem eingeschleppten Schädling, stark bedroht.*

Dirndl oder Kornelkirsche

(Cornus mas)

FAMILIE:	*Hartriegelgewächse*
BLÜTE:	*gelbe, glockige Blütchen in traubigen Blütenständen herabhängend*
FRÜCHTE:	*wie große Kirschen aussehende, säuerliche Steinfrüchte (daher auch der Name Kornelkirsche)*
BESONDERES:	*Die österreichische Sorte „Jolico" mit besonders großen Früchten und kleinen Kernen ist sehr empfehlenswert; Verwertung der Früchte zu Marmelade, Saft und Likör.*

Eberesche

(Sorbus aucuparia var. edulis, auch moravica oder dulcis)

FAMILIE:	*Rosengewächse*
BLÜTE:	*weißen Schirmrispen*
FRÜCHTE:	*orangefarbene bis rote Sammelbalgfrüchte, Vogelbeeren genannt*
BESONDERES:	*Aus vollreif geernteten Früchten (erkennbar an der dunkleren, kräftigeren Farbe und teigigeren Substanz) entstehen Saft, Wein, Likör und Schnaps.*

Eibe

(Taxus baccata)

FAMILIE:	*Eibengewächse*
BLÜTE:	*unscheinbar*
FRÜCHTE:	*Giftige Samen sind umgeben von auffallend rotem, fleischigem Samenmantel.*
BESONDERES:	*Nadelgehölz, immergrün, eignet sich für Schnitthecken, ist allerdings langsamwüchsig; bis auf den roten Samenmantel und die Pollen ist die ganze Pflanze stark giftig.*

Felsenbirne

(*Amelanchier ovalis, A. laevis, A. lamarckii*)

FAMILIE:	*Rosengewächse*
BLÜTE:	*duftende, weiße Blütensternchen*
FRÜCHTE:	*vitaminreiche „Mini-Apfelfrüchte“, die wie Heidelbeeren aussehen und auch im Geschmack an diese erinnern*
BESONDERES:	*im Herbst feuerrot ausgefärbtes Laub; Verwertung der Früchte möglich*

Flieder

(Syringa vulgaris)

FAMILIE:	*Ölbaumgewächse*
BLÜTE:	*violette, stieltellerförmige Blüten in Rispen angeordnet, betörender Duft*
FRÜCHTE:	*braune Kapselfrüchte, kein Zier- und Nutzwert*
BESONDERES:	*Die Pflanzen blühen an den ein- und mehrjährigen Trieben. Nach einem radikalen Rückschnitt (nur im Notfall) dauert es 2–3 Jahre, bis der Strauch wieder blüht.*

Forsythie oder Goldglöckchen

(Forsythia x intermedia)

FAMILIE:	*Ölbaumgewächse*
BLÜTE:	*leuchtend gelbe Blüten noch vor dem Blattaustrieb*
FRÜCHTE:	*braune Kapselfrüchte, kein Zier- und Nutzwert*
BESONDERES:	*phänologische Zeigerpflanze für den Erstfrühling: Wenn die Forsythie blüht, ist der beste Zeitpunkt, die Rosen zu schneiden.*

Goldregen

(*Laburnum anagyroides*)

FAMILIE:	*Schmetterlingsblütler*
BLÜTE:	*leuchtend gelbe Schmetterlingsblüten, in hängenden Trauben angeordnet*
FRÜCHTE:	*erst grüne, dann braune, bohnenähnliche Hülsenfrüchte*
BESONDERES:	*Alle Teile des Strauchs sind sehr giftig, vergleichbar mit Schierling und Fingerhut. Schon 3–4 Früchte (Schoten) können für Kinder tödlich sein, das entspricht 15–20 Samen.*

Hainbuche

(*Carpinus betulus*)

FAMILIE:	*Birkengewächse*
BLÜTE:	*unscheinbare Kätzchen*
FRÜCHTE:	*winzig kleine, einsamige Nuss; Verbreitung durch Wind, kein Zier- und Nutzwert*
BESONDERES:	*nicht verwandt mit der Rotbuche (Fagus); eignet sich für Schnitthecken; Blätter bleiben braun gefärbt bis ins Frühjahr an den Sträuchern.*

Heckenkirsche

(Wohlriechende oder Winterheckenkirsche
Lonicera fragrantissima)

FAMILIE:	*Geißblattgewächse*
BLÜTE:	*nach Jasmin duftende, cremeweiße Blüte mit Kelch, sehr frühe Blütezeit von Dezember bis April (wichtige Nektarquelle für Insekten nach dem Winter)*
FRÜCHTE:	*rote Beeren*
BESONDERES:	*wächst dicht verzweigt, betörender Duft*

Hundsrose oder Hagebutte

(Rosa canina)

FAMILIE:	*Rosengewächse*
BLÜTE:	*ungefüllte weiße bis rosa Rosenblüten mit vielen Staubgefäßen*
FRÜCHTE:	*Hagebutten, in Österreich als „Hetscherln" bekannt; sehr Vitamin-C-haltig*
BESONDERES:	*an lichten Waldrändern Vorkommen als Pioniergehölz; dichter Wuchs, schützende Stacheln, guter Brutplatz für Tiere; Verwertung der Früchte zu Marmelade und Tee*

Kolkwitzie

(Kolkwitzia amabilis)

FAMILIE: *Geißblattgewächse*

BLÜTE: *trugdoldige Blütenstände (Knospen pink, geöffnete Blüten zartrosa), sehr reich blühender Strauch*

FRÜCHTE: *dicht, borstig behaarte braune Schließfrüchte, kein Zier- und Nutzwert*

BESONDERES: *überhängender Wuchs, wie Blütenkaskade*

Kriecherlpflaume

(Prunus domestica ssp. insititia)

FAMILIE:	*Rosengewächse*
BLÜTE:	*typische kleine Zwetschkenblüten, wie duftende, weiße Wolken*
FRÜCHTE:	*Die Steinfrüchte reifen je nach Region und Art gelb oder blau.*
BESONDERES:	*bilden viele kleine grüne Blätter und wachsen dicht; Verwertung der Früchte zu Marmelade und Likör*

Liguster

(Ligustrum vulgare)

FAMILIE:	*Ölbaumgewächse*
BLÜTE:	*weiße, duftende Rispen, Bienenweide*
FRÜCHTE:	*ein- bis dreisamige Beeren oder Steinfrüchte*
BESONDERES:	*schnellwüchsig, eignet sich als Schnitthecke, anspruchslose heimische Wildpflanze, kleine, sommergrüne Blätter*

Mispel oder Asperl

(Mespilus germanica)

FAMILIE:	*Rosengewächse*
BLÜTE:	*weiße Rosenblüten*
FRÜCHTE:	*in Österreich als „Asperln" bekannt; braun gefärbtes Kernobst; anfangs noch hart und bitter, werden nach den ersten Frösten süßsäuerlich und weich*
BESONDERES:	*gedeiht gut auf kalkhaltigen Böden; hoher Pektingehalt verhindert den Rohgenuss, hilft aber beim Gelieren; Verarbeitung zu Marmeladen*

Pfaffenkapperl oder Spindelstrauch

(Euonymus europaeus)

FAMILIE:	*Spindelbaumgewächse*
BLÜTE:	*unscheinbar, klein, grün*
FRÜCHTE:	*sehr attraktive, pink-orangefarbene Kapselfrüchte („Pfaffenkapperl"), aber giftig*
BESONDERES:	*schöne Herbstfärbung; lässt sich gut schneiden, wird aber nicht für Schnitthecken verwendet; die Früchte werden im Volksmund auch „Rotkehlchenbrot" genannt, weil die Samen im Winter Nahrung für Vögel sind.*

Pfeifenstrauch

(*Philadelphus coronarius*)

FAMILIE:	*Hortensiengewächse*
BLÜTE:	*weiße bis cremefarbene Blütenrispen mit typischem Geruch; es gibt gefüllte Sorten.*
FRÜCHTE:	*Kapselfrucht, kein Zier- und Nutzwert*
BESONDERES:	*wird auch als „Falscher Jasmin" bezeichnet; der Geruch der Blüten wird von einem Teil der Menschen als duftend, von anderen als unangenehm wahrgenommen; er ist vor allem abends intensiv.*

Roter Hartriegel

(*Cornus sanguinea*)

FAMILIE:	*Hartriegelgewächse*
BLÜTE:	*weiße Schirmrispen*
FRÜCHTE:	*schwarzblaue Steinfrüchte, die wie Beeren aussehen (ähnlich Holunder)*
BESONDERES:	*Einjährige Triebe sind rot gefärbt und leuchten ohne Blätter und vor allem im Schnee besonders schön. Auch das Laub färbt im Herbst rot aus.*

Schneeball

(Viburnum opulus)

FAMILIE:	*Moschuskrautgewächse*
BLÜTE:	*weiße Blütenstände in Form einer großen Trugdolde (Die sterile Sorte „Roseum“ bildet ballförmige Blütenstände aus, worauf ihr deutscher Name zurückzuführen ist.)*
FRÜCHTE:	*nur bei Wildform; leuchtend rote, beerenähnliche Steinfrüchte, schwach giftig bis giftig, gekocht aber genießbar*
BESONDERES:	*ist eng mit dem Holunder verwandt*

Schwarzer Holunder

(Sambucus nigra)

FAMILIE:	*Rosengewächse*
BLÜTE:	*duftende, weiße Schirmrispen*
FRÜCHTE:	*schwarze, sehr saftreiche „Steinbeeren", färben tiefrot, vitaminreich; roher Verzehr kann Unwohlsein verursachen*
BESONDERES:	*traditionelle Nahrungs- und Heilpflanze, verträgt radikale Rückschnitte gut; Verarbeitung der Blüten und Früchte zu Sirup, Saft und Marmeladen*

Sommerflieder, Schmetterlingsflieder

(Buddleja davidii, Buddleja alternifolia)

FAMILIE:	*Sommerfliedergewächse*
BLÜTE:	*violette, dichte, schmalkegelige Blütenstände*
FRÜCHTE:	*braune Kapselfrüchte, kein Zier- und Nutzwert*
BESONDERES:	*Vor allem Buddleja davidii zieht Schmetterlinge wie Tagpfauenauge und den Kleinen Fuchs an; Rückschnitt im Spätwinter; Buddleja alternifolia blüht früher und sollte gleich nach der Blüte ausgelichtet werden, da sie an den vorjährigen Trieben blüht.*

Spierstrauch oder Brautspiere

(Spiraea x arguta)

FAMILIE:	*Rosengewächse*
BLÜTE:	*weiße, radförmige Blüten, die in Dolden angeordnet sind*
FRÜCHTE:	*Balgfrüchte, kein Zier- und Nutzwert*
BESONDERES:	*Der Wuchs ist sehr breit (bis etwa 1,5 m) bei einer Höhe von max. 2 m; eignet sich für eine niedrige Schnitthecke.*

Weigelie

(Weigela Hybriden)

FAMILIE:	*Geißblattgewächse*
BLÜTE:	*weiße, rosa bis karminrote Kelchblüten; stehen zu zweit bis fünft in Blütenständen zusammen („Blütenbüschel"), sehr reich blühender Strauch ähnlich der Kolkwitzie*
FRÜCHTE:	*ledrige oder holzige Kapselfrüchte, kein Zier- und Nutzwert*
BESONDERES:	*zahlreiche Sorten am Markt, auch mit weiß-bunten Blättern*

Hage- oder Weißdorn

(Crataegus monogyna)

FAMILIE:	*Rosengewächse*
BLÜTE:	*zahlreiche kleine, weiße Blüten*
FRÜCHTE:	*kleine, eiförmige, dunkelrote und fleischige Kernfrüchte mit nur einem Kern*
BESONDERES:	*Bienenweide im Sommer, Nahrungsquelle für Vögel im Winter; Raupenfutterpflanze für zahlreiche Schmetterlinge; durch dichte Verzweigung und Bedornung guter Brutplatz; wird als Heilpflanze verwendet*

Über die Autorin

Veronika Schubert, 1969 in Wien geboren, ist selbstständige Gartenjournalistin und führt gemeinsam mit Elke Papouschek ein Redaktionsbüro für Publikationen zum schönsten Hobby der Welt. Sie hat das Gärtnern an der HBLFA für Gartenbau in Wien-Schönbrunn erlernt, arbeitete als Gartengestalterin und war für Zeitschriften- und Buchproduktionen rund um den Garten verantwortlich. Sie schreibt für das Magazin „*Servus in Stadt & Land*".

MIX
Papier aus verantwortungsvollen Quellen
FSC® C012536

Fotos: S 2, 15: GAP Photos/Christa Brand, S. 6, 9: André Reuter PHOTOGRAPHY, S. 10/11, 36/37: GAP Photos/Elke Borkowski, S. 12: GAP Photos/Michael King, S. 16: mauritius images/Andrea Haase, S. 19: GAP Photos/Lynn Keddie, S. 20: GAP Photos/Jonathan Buckley, S. 21, 38, 41, 42, 57, 62, 63: mauritius images/Alamy, S. 23: GAP Photos/Fiona Lea, S. 25: mauritius images/Christina Blum, S. 26/27: Carole Drake/Courtesy Michael & Giustina Ryan/GAP Photos, S. 28: Zara Napier/Design: Jackie Setchfield & Martin Anderson, Sponsor: Sheepdrove Trust, Nottingham Trent University/GAP Photos, S. 31: GAP Photos/Friedrich Strauss, S. 35: Carolin Tietz/Blitzart, S. 40: mauritius images/Edith Laue, S. 43: Emiel van den Berg/Flora Look Stock Photo/Visionspictures, Netherlands, S. 44: Flora Press/GWI, S. 45: mauritius images/Mc-PHOTO, S. 46: Flora Press/Nova Photo Graphik, S. 47: Visions/Flora Press, S.48: Flora Press/Joanna Kossak, S.49: mauritius images/Brigitte Protzel, S.50: mauritius images/David & Micha Sheldon, S.51, 56: Flora Press/Bildagentur Beck, S. 52, 55: Flora Press/Martin Hughes-Jones, S. 53: mauritius images/Garden World Images, S. 54: Flora Press/BIOSPHOTO, S. 58: Flora Press/gartenfoto.at, S. 59: mauritius images/imageBROKER/Arco Images/Huetter, Christian, S. 60: Flora Press/Liz Eddison, S. 61: Flora Press/MAP; mauritius images/imageBROKER/BAO, mauritius images/Alamy (4)

Gesetzt aus der Minion Pro sowie der BentonSans.

Medieninhaber, Verleger und Herausgeber:
Red Bull Media House GmbH
Oberst-Lepperdinger-Straße 11–15
5071 Wals bei Salzburg, Österreich

Druck: Druckerei Theiss
Umschlaggestaltung: Conny Laue
Umschlagabbildung: Flora Press/Derek St. Romaine, mauritius images/Christina Blum
Printed in Austria
ISBN 978-3-7104-0057-5

1 2 3 4 5 6 7 8 / 18 17 16 15